울 없이 사는 바람

시사랑시인선 13

울 없이 사는 바람

인쇄 —— 2001년 8월 25일
발행 —— 2001년 8월 30일

지은이 — 김몽선
펴낸이 — 장호병
펴낸곳 — 북랜드
  110-061 서울 종로구 신문로1가 7-2 세종BD 405호
  대표전화 (02) 732-4574 l (053) 252-9114
  팩시밀리 (02) 734-4574 l (053) 252-9334

등록일 —— 1999년 11월 11일
등록번호 — 제13-615호
홈페이지 — http://www.bookland.co.kr
이-메일 — editor@bookland.co.kr

  ■파본은 바꾸어 드립니다.

ISBN 89-7787-242-1   03810

값 5,000 원

시사랑 시인선 13

울 없이 사는 바람

김몽선 시집

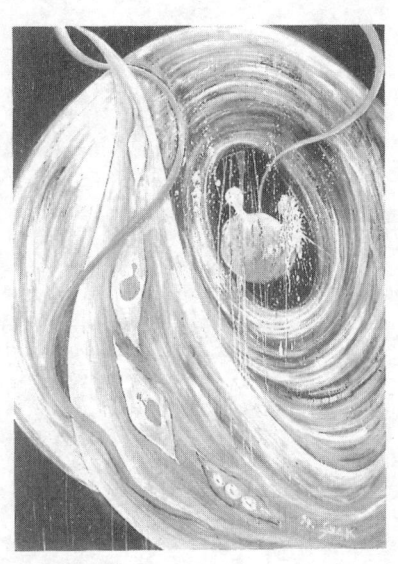

북랜드

고마운 사람들에게 감사드리며

　시조시단에 첫 발을 내딛고 얼마나 기뻐했는지 모른다. 그 동안 시조를 짓는다고 나름대로는 애써 왔지만 늘 부끄러움이 앞서는 4반세기의 세월이 흘렀다. 날이 갈수록 무디어지는 감성을 문득문득 깨닫곤 한다.
　생애의 한 부분을 정리해 볼 시기가 되어 세 번째 내 시조 작품을 한 권의 책으로 엮는다.
　시대의 흐름에 따라 급격하게 변해가는 세상사가 어지러워 더러는 지나간 날들의 향수를 불러 진정시키려 해보기도 하였고, 더러는 정면으로 고개 들고 세상을 향해 외쳐 보기도 했다.
　이번 시조집을 엮으면서 나는 새삼 느꼈다. 이 세상에 태어나 지금까지 살면서 나의 주위를 사랑으로 감싸주는 사람들이 많았다는 사실을.
　이들 모두에게 감사한 마음을 가슴 가득 안고 앞으로 보다 좋은 작품 창작에 힘쓸 것을 다짐하며 이 시조집을 상재한다.

2001. 8.

만촌 서재에서 김몽선

김몽선 시집/울 없이 사는 바람

■고마운 사람들에게 감사드리며 / 5

묵정밭에 뿌린 씨앗 1

아내 ——————— 16
우리집 화단 ——————— 17
만촌동의 봄 ——————— 18
차 한 잔 ——————— 19
대문을 나서며 ——————— 20
행복 찾기 (1) ——————— 21
행복 찾기 (2) ——————— 22
행복 찾기 (3) ——————— 23
달력을 넘기며 ——————— 24
어느 여백 ——————— 25
텅 빈 날 ——————— 26
창 밖에는 ——————— 27
먼 길 ——————— 28
사는 길 ——————— 29

김몽선 시집 / 울 없이 사는 바람

안개 속을 걸으며 ——————— 30
밤하늘 ————————— 31
봄이면 ————————— 32
백목련 ————————— 33
가을산 ————————— 34
겨울 문턱 ————————— 35
설매화 ————————— 36
겨울 모란 ————————— 37
산 속에는 ————————— 38
팔공산의 아침 ————————— 39
산사의 밤 ————————— 40
산벚꽃 ————————— 41
아침 설악 ————————— 42

김몽선 시집/울 없이 사는 바람

근심 깊은 햇살 너머 2

그리운 풍경 —————— 44
봄에는 ———————— 45
고향길 ———————— 46
대합실에서 ——————— 47
비 올 때면 ——————— 48
박꽃 ————————— 49
들녘에 서면 —————— 50
당나무 ———————— 51
고향 장터 ——————— 52
고향 언덕 ——————— 53
빗소리 ———————— 54
고독 ————————— 55

김몽선 시집/울 없이 사는 바람

달빛	56
별을 보며	57
서리 온 날 아침	58
놀	59
어느 날	60
뒷모습	61
처용암	62
겨울 해변	63
정월 대보름에	64
눈물	64
칠석에	66
당신의 눈물	67

김몽선 시집/울 없이 사는 바람

이정표 뽑힌 골목 ③

천둥 ——————————— 70
하늘이여 ——————————— 71
이상한 동네 ——————————— 72
풍선 ——————————— 73
황소개구리 ——————————— 74
'97 시장 풍경 ——————————— 75
구이집 ——————————— 76
가슴 떨기 (1) ——————————— 77
가슴 떨기 (2) ——————————— 78
가슴 떨기 (3) ——————————— 79
풍경 (1) ——————————— 80
풍경 (2) ——————————— 81
풍경 (3) ——————————— 82
풍경 (4) ——————————— 83
풍경 (5) ——————————— 84

김몽선 시집/울 없이 사는 바람

풍경 (6) ——————— 85
세상 구경 (1) ——————— 86
세상 구경 (2) ——————— 87
세상 구경 (3) ——————— 88
세상 구경 (4) ——————— 89
세상 구경 (5) ——————— 90
세상 구경 (6) ——————— 91
세상 구경 (7) ——————— 92
세상 맛보기 (1) ——————— 93
세상 맛보기 (2) ——————— 94
세상 맛보기 (3) ——————— 95
세상 맛내기 (4) ——————— 96
세상 맛보기 (5) ——————— 97

만추 오후 4

하회 마을 —————————— 100
소리 · 96 —————————— 101
'97 신춘 —————————— 102
'97 연말 풍경 —————————— 103
탈 (1) —————————— 104
탈 (2) —————————— 105
찬바람 —————————— 106
장단 맞는 사람들 —————————— 107
헛배 부른 날 —————————— 108
바람 —————————— 109
홍수 —————————— 110
가위질 —————————— 111
다시 봄을 기다리며 —————————— 112
다방 풍경 —————————— 113
사막에도 —————————— 114

김몽선 시집/울 없이 사는 바람

감꽃 ──────────── 115
흔들리는 뿌리 ──────── 116
소나무 ──────────── 117
촌로(村老) ─────────── 118
하산 ───────────── 119
바람 소리 ────────── 120
어느 시골 ────────── 121
사월에 ───────────── 122
눈이 내리면 ────────── 123
혼자이고 싶은 날 ──────── 124
어느 고독 ──────────── 125
이 가을에 ──────────── 126
가을 햇살 ──────────── 127
추위 타는 날 ──────── 128

1

묵정밭에 뿌린 씨앗

아내

묵묵히 터진 세월
공그리고 사는 아내

밥상 앞 마주 앉은
당신을 바라보면

팔공산
갓바위 부처
흡사 그를 닮아 있다

씨아질에 밀려나온
명씨 같은 한 세대를

스치는 치맛자락
코에 익은 어매 내음

어느새
자넨 문풍지
고향집을 닮아 있다

우리집 화단

우리집 녹색 뜰엔
남의 손이 전혀 없다

얻어온 자식처럼
키운 정이 하도 커서

민들레
증손, 고손들
활개치며 살고 있다

바랭이 씀바귀
질경이에 냉이까지

먼 산비알 한 자락을
대청 앞에 앉혀 두면

충혈된
세상 인심도
넉넉하게 걸러낸다

만촌동의 봄

늦가을 남향 언덕
깔고 앉아 사반세기

창 열면 물빛 하늘
형제봉의 연두 몸짓

내 뜰 앞
노란 종소리
함께 드는 아침 문안

화랑로 끼고 돌아
무열로를 바라본다

열고 닫던 흑백 사연
연륜 따라 흩어 놓고

만촌동
갈무린 세월
모란 위에 등을 단다

차 한 잔

채송화 그 질박한
분홍춤을 깨워 놓고

마주한 얼굴 위엔
한 세대 고운 주름

설록차
그윽한 내음
젖어보는 노을 한 때

대문을 나서며

대문 돌려 세워 놓고
닻 올린 헌 배 한 척

낡은 그물 한 자락을
벼슬처럼 둘러 메고

눈바람
야무진 아침
내딛는 삶의 터전

행복 찾기 (1)

돌아서면 무심하고
그냥 가면 가려운 등

싸안을 듯 포근히
두 팔 벌린 비단보다

조각보
기워 이은 정
바늘귀에 실린 행복

행복 찾기 (2)

쳐다보는 사람은
낮은 자신 화가 일고

굽어보는 사람은
넉넉해서 벅찬 가슴

행복은
시선 낮추기
코끝 아래 산다는데

행복 찾기 (3)

저 놈은 이리 빈둥
이 놈은 저리 빈둥

태산같은 일덩이가
짓누르는 어깨 위에

땀 젖어
꽃으로 피는
열린 가슴 모은 두 손

달력을 넘기며

숱한 바람 잠재우며
힘겹게 몰아 쉰 숨

달랑 한 장 종이쪽을
가볍게 넘겨 보면

팽이채
아픈 종아리
다시 사는 새달 된다

어느 여백

불티나던 일상 속에
여름잠이 쏟아지면

과일 장수 실한 삶도
툇마루에 와 나뒹군다

긴 하품
나른한 햇살
나는 절어 처진 한지(韓紙)

텅 빈 날

시간도 텅텅 비고
머리 속도 텅텅 비고

우리집 안방 대청
그 모두가 텅텅 빈 날

세상에
이런 세상에
선경(仙境)이 따로 없네

창 밖에는

진한 어둠
깊은 세월

빠져 나와
설레는 별

몸져 누워
숨거둘 듯

잦아드는
저 환영(幻影)

살같이
멀어져가는

창 밖에는
서설(瑞雪)이네

먼 길

돌아보면
걸어온 길

가물가물
스러지고

앞을 보면
가야 할 길

원시안에
누웠지만

물 좋은
단풍잎 함께
어깨 겯는 저 먼 길

사는 일

흘러가는 구름 보면
사는 일도 바람이다

사랑에 체했다가
증오에 떨었다가

밤이면 사지를 풀고
원초(原初)로 돌아간다

맨몸에 꽃을 다는
진달래를 바라보면

시원(始原)의 우리 조상
본디 그리 살았겠지

문명이
만드는 감옥
절로 절어 붉은 자족(自足)

안개 속을 걸으며

물고기가 헤엄치듯
안개 속을 걷고 있다

내 몸엔 허파 대신
아가미가 돋아나서

때묻은
바깥 세상을
어안(魚眼) 속에 가둬 본다

추스려 사는 일
그 모두가 안개지만

두 눈을 크게 뜨면
오색 알알 물방울들

이런 날
그를 거두는 햇살
더욱 맑고 따갑단다

밤하늘

나잇살이 들고 보면
밤하늘이 고와 뵌다

깊은 골 산마루에
낯선 별이 끔벅이면

까아만
등받이 뒤로
당실당실 뜨는 꿈배

봄이면

물오른 지평 끝에 한 올 봄빛 실린 신명
읍참(泣斬)도 서릿발도 인동(忍冬)으로 저며 안고
복사꽃 살가운 눈빛 연민속에 뜨는 신월(新月)

젖은 하늘 눌러 쓰고 얼듯말듯 버는 매화
엊그제 언약 건너 묵정밭에 뿌린 씨앗
세상엔
얄궂은 돌 하나쯤 이고 사는 이도 있다

백목련

대중없는 초봄 어귀
백목련이 웃고 있다

영하의 꽃샘 추위
돌아앉을 법도 한데

기어이
가슴 헤치고
눈부시는 저 속살

가을산

벗을 것 다 벗고
홀가분한 가을산은

고개 들어 새털구름
달구지길 되새기며

다시 올 영광의 그 날
모정(母情)으로 어른다

때로는 허전함이
가지 끝에 물들지만

흰눈 쌓인 어느 산골
오막살이 등잔처럼

지지직
가슴 태우며
성긴 멋도 내 보인다

겨울 문턱

마지막 쓰르라미
단풍으로 물이 들면

내 텃밭 언저리엔
긴 그림자 서성이고

길섶의 숨가쁜 세월
입동 앞에 헐떡인다

듬성듬성 검은 흙이
버짐처럼 일어서면

가난한 잡석들로
탑 하나를 못다 쌓고

긴 사유 한적한 내일
잎진 가지 끝에 인다

설매화

봄 여름 가을 건너
헐벗는 철에 와야

연보라 고개 들고
기지개를 시작한다

모가지
길게 뽑으며
동천(冬天)을 노래한다

계절따라 약주같은
사랑도 묻어 두고

고목처럼 깊은 사유
언 날씨로 자아 올린

설매화
한 떨기 조춘(早春)
한기 녹여 주고 있다

겨울 모란

자줏빛 너털웃음 늦봄 시샘 품던 모란
섣달 들어 모두 벗고 새 목숨을 다듬는다
세속의
깊은 아픔도
솜옷 속에 보듬으며

넉넉한 앞섶 헤쳐 오월 하늘 안던 모란
벗어 시린 세상 인심 눈발 아래 묻어 두고
기다림
그 망망한 늪에
깃발 하나 꽂고 있다

산 속에는

굴참나무 잎 사이로
흘러가는 하얀 구름

분수대로 사는 멋이
어우러진 산 속에는

헐벗어 때묻은 영혼
씻어주는 바람 있다

잣나무 바늘잎에
흠이 날 듯 파란 하늘

어깨 겯고 사는 법이
예삿일인 산 속에는

저 홀로 돛 올린 오만
그를 품는 여백도 있다

팔공산의 아침

이름 모를 멧새소리
낯선 아침 눈을 뜨면

분홍빛 구름 위에
반짝이는 떡갈 잎새

뭇 눈빛 보듬고 앉아
묵은 때를 벗고 있다

이슬 젖은 찔레꽃잎
휘감아 돌아들면

발 아래 먼 동네
무릎 꿇어 엎드리고

싱싱한 햇살 한 다발
내 영혼 씻고 있다

산사의 밤

넉넉한 여래 불영
찻잔 위에 띄워 놓고

법고 소리 찌든 맥박
씻어내는 애저녁은

위선의 질긴 그림자
벗어나는 단풍잎새

지순한 눈빛들이
가고 오는 절집 마루

울려오는 대숲바람
가슴 쓸어 열 재우면

시 한 수 염주로 꿰어
향불 위로 듣는 독경

산벚꽃

주흘산 저 큰 자락
함박 웃음 수를 놓아

찾아오는 이에게만
들려주는 봄의 전설

때 절어
얼어 튼 심사
고이 싸서 얼러준다

솔숲 사이 죽은 듯이
겨우내 벌거벗고

방울방울 자아올린
빙점 속의 온기 모아

저 환희
환생의 깃발
눈부시는 너는 고향

아침 설악

오색약수 붐한 먼동
어둠을 훔쳐내면

내설악 깊은 골이
거나하게 잠을 깬다

검바위 아득한 벼랑
우린 진정 한낱 미물

뽀얀 안개 항라 구름
적송숲을 닦아내고

굽굽이 청풍자락
기암괴석 뺨도 치네

빈 절터 손 모은 공양
햇살처럼 살고 싶다

2
근심 깊은 햇살 너머

그리운 풍경

한기 떨고 일어서는 앞산 마루 아지랑이
눈 녹은 계곡물이 오두막을 불러내면
할머닌 성긴 소쿠리 업을 안고 오셨다

열어 놓은 장독들은 입을 모아 덕담이고
뒤안 우물 어진 둘레 살구꽃이 화전 펴면
어머닌 헐린 토담도 봄빛으로 걸어 뒀다

봄에는

연두 풀빛 풀어내는 양지 둑길 어린 봄날
상큼한 흙내음 속 냉이꽃이 수를 놓네

아, 이제 그립던 사람
수액처럼 돌아올까

드러누워 날을 꼽던 힘겨운 저 얼음골에
손 닿으면 분홍꽃물 묻어날 듯 부푼 사랑

이 봄엔 떠났던 사람
종달새로 돌아올까

고향길

지향없이 부는 바람 떠밀리어 닿은 만추
기웃대는 나그네의 허물어진 어깨 위에
고향길 주홍놀 한 점 물구나물 서고 있다

내 기억 저 편 언덕 복사꽃이 다시 필까
단풍 든 아랫목에 꽃눈 하나 재워 두고
먼 발치 고향 길목에 장승으로 서 있다

대합실에서

떠날 시각 기다리며
분주한 표정 본다

저마다 설렌 발길
시골 여울 금빛 물결

터질 듯
일상의 속박
벗고 앉은 대합실

예쁜 눈빛 고운 손끝
주고 받던 옛 창구는

돈 넣으면 한 장 향리(鄕里)
내미는 자동 기계

되앉아
주홍빛 하늘
스러지는 세월 본다

비 올 때면

비 맞으며 걷는 길은
흔치않은 일상이다

속속들이 파고들어
사무치던 비린 입김

토란잎 받쳐든 하늘
가슴 저려 감춘 연정(戀情)

바람 불고 비 올 때면
지우산이 그립더라

당당당 장단맞춘
진흙탕길 대문 밖에

천진의
낙숫물 소리
하염없이 세던 그 날

박꽃

서촌댁 싸리울에
발돋움해 팔을 뻗고

근심 깊은 햇살 너머
세상 허영 잦아들면

수줍게
여미는 웃음
인고(忍苦) 푸는 조선 어미

얼기설기 엮은 이엉
자리하고 앉더니만

별빛 모아 하얀 동정
살짝 열어 뵈는 가슴

광란의
한 세대 속에
고이 가꾼 저 순수

들녘에 서면

토끼풀 하얀 미소
주눅 풀고 나선 들녘

머릿수건 전 때가
보석인 양 빛나던 날

보리밭
순박턴 숨결
다시 인다 바랜 향수(鄕愁)

당나무

대를 이어 사는 마을 당나무는 알고 있다
캄캄했던 어린 시절 징용 가던 젊은 아제
아직도 주름 깊숙이 빗나가는 저 화살

철마다 다시 깨어 마을 어귀 지킨 혼령
화약 냄새 등천하던 전쟁속의 아픈 버짐
아득히 잊은 꼬락서니 가슴앓이 숨이 찬다

살튼 등걸 틈틈이로 매운 열기 삼켜내며
거꾸로 서는 세상 사팔뜨기 언저리엔
그래도 넉넉한 기다림 할배같은 저 모습

고향 장터

적갈색 피곤 함께 생선전의 비린 그 맛
훌쩍 떠난 어린 시절 까만 눈만 빛나는데
초로의 마른 헛기침 되붐비는 고향 장터

어깨 너머 순한 인정 빈 바지게 담아 지던
양철지붕 멀찌막이 똬리 튼 구석 난전
이런 날 고향 장터는 누룩 먹은 술밥이 된다

고향 언덕

이름 모를 들꽃들이
고만고만 크는 언덕

울없이 사는 바람
비단으로 휘감으며

억새풀
키 큰 자비를
무심 속에 읽고 산다

햇살 뽀얀 고향 언덕
그 너머엔 헐벗던 날

미망의 힘든 길에
빗줄기 묵은 정이

목말라
시든 한 마당
적셔주고 지나간다

빗소리

남새밭 무청에 속삭이는 빗소리가
단풍든 유년 모습 고물고물 길러내면
땅거미 한 자락 잡고
어렵사리 피는 연가(戀歌)

추녀끝 실어내는 귀에 익은 빗소리가
젖을 듯 버선발로 황톳고개 올라서면
거미줄 얽힌 세상에
파닥이는 호랑나비

고독

술잔 위에 비친 몰골 추한 눈길 건져보면
왁자지껄 빙빙 돌아 취기 속에 젖은 고독
빈 웃음
몇 닢을 던져 벗어버릴 힘도 없다

주고받는 입과 입이 닳을 대로 한껏 닳아
아른아른 속살까지 비칠 것도 같은 날은
먼 고향
단물 같은 벗 찔레순이나 꺾어 볼까

달빛

당당하던 한낮마저
꼬리 내린 창틈으로

애모의 눈물되어
새어드는 하얀 달빛

귀뚜리 낭랑한 목청도
파르르 떨고 있네

숨막히는 인고 끝에
건져올린 달빛 속엔

탱자꽃 어둔한 웃음
매를 맞던 금빛 여울

어둠도 멀찍이 에워
동승 얼러 살고 있다.

별을 보며

고향도 피붙이도 잊고 살아 철없는 날
오늘도 한낱 풀잎 흔들리는 몸짓 속에
어느 먼 초록별 하나 돌아 서서 여민 옷깃

내 몸밖엔 눈이 멀어 지척도 한밤이다
밀려난 주춧돌로 기운 양심 받쳐 들고
계명성 빛나는 새벽 터진 살을 기워낸다

서리 온 날 아침

지푸라기 야윈 등에 뽀얀 서리 고운 아침

길섶의 들국화는 계절 끝을 잡고 앉아

빛 지는 그믐달 꼬리 불볕 다시 그리고 있다

놀

서녘산 붉은 해가 녹아 내린 하늘가에
온 종일 으스러져 흩날리는 잿빛 바람
내 둘레 흔적 지우는 혼령같은 놀이 진다

스러지는 놀빛이 저리도 고와 뵐까
무심코 쳐든 고개 꽃비 오는 산자락에
별빛도 비켜 앉아서 자리 펴는 친구야.

어느 날

영안실 잘린 생화
목이 괜히 메는 날은

벌레 먹은 나뭇잎도
아름답게 보이는 날

이승과 저승의 길목
이정표도 비어 있다

뒷모습

머리카락 흩날리며
돌아서서 가는 사람

아쉬운 석양 안고
역광 속의 등을 뵈며

한 오락
남은 인연을
시장끼로 사위고 있네

처용암

천년을 거슬러
얼굴 없는 춤을 추며

지친 동해 물살 위에
가쁜 숨을 몰아 쉰다

닿을 듯
두 손 내밀면
서벌살이
곤한 처용

겨울 해변

시시로 작은 포구
스산찮게 손짓하며

겨울 해변 빈 모래밭
상흔 닦는 남빛 노래

철 지난 비취 파라솔
향수되어 펄럭인다

등 굽은 솔을 이고
청치마 두른 바위

낡은 어선 혼자 노는
선착장 하오에는

물새만
바람 가르며
초승달을 물고 온다

정월 대보름에

배 허리 다 내놓고 쥐불놀이 밤 밝히던
푸른 세월 나이 들어 장죽 끝에 무너져도
대보름 둥근 달 속엔 귀밝이술 동동 뜬다

쇠똥 말똥 붙은 불이 동그랗게 별을 달던
코흘리개 순박한 날 은발새로 기웃대면
첫보름 밝은 달 속엔 부럼 깨는 멋도 있다

눈물

목마른 하늘 아래 어깨 쳐진 수국처럼
빈 들녘 홀로 남은 허수아비 같은 핏줄
저린 뼈
마디마디에
신물로 고여 온다

옥잠화 꽃대궁 끝 어렵사리 앉은 나비
무심한 바람에도 가슴죄는 내 사랑은
시리게
빛나는 직녀
은하 밖에 넘친 눈물

칠석에

삼백 예순 다섯날이
촛농으로 무너져도

가슴 속 훑어내릴
아린 눈물 남았는가

이 한 밤
사랑의 불티
눈썹 끝에 춤을 춘다

반백 년에 반백 번
스쳐 만난 인연 앞에

백두대간 막힌 핏줄
화석으로 굳었는가

지척에
둘러친 장벽
안스러운 까치발

당신의 눈물

무너진 가슴 질펀
흐르는 눈물 사이

수없이 찢고 기워
이마 위에 걸린 박제

차라리
저승이었음
혼으로나 만났을 걸

손 내밀면 닿을 곳에
산 핏줄 갈라 놓고

늘 뜬눈 사립 열어
혼절 끝에 삭은 삭신

아직도
눈물과 눈물
그 사이엔 빙벽인가

3
이정표 뽑힌 골목

천둥

하늘이 울고 있다
허공치며 울고 있다

속이 끓어 마른 운무(雲霧)
첩첩이 쌓아 두고

낯선 땅
칠면조 같은
화냥끼를 매질한다

온몸을 떨고 있다
부들부들 떨고 있다

탐욕에 미친 눈빛
이골난 배신 위에

한 목숨
칼날 세워라
혼을 치는 저 소리

하늘이여

하늘이여
그대 모습 차마 볼 수 없겠는가

눈 가리고 벗은 채로
귀신 낮밥 먹는 놈들

탕개목
죄어치는 줄
목숨들이 잡혀 있다

두 눈썹 갈기 세워
성형이야 한다마는

뒤집어 입은 옷에
풀만 잔뜩 먹인 놈들

날벼락
겨누는 민심
하늘이여, 하늘이여.

이상한 동네

봄바람 마르더니 실개천이 승천하고
애숭이 기침소리 할애비가 쫓겨나네
귀먹어 가슴칠 내일 강 건너 불로 안다

뒷주머니 뒷돈 속에 큰 소리나 키워 내고
논둑 헐어 물대고도 춘향 절개 팔고 사는
참으로 이상한 동네 현기증이 절로 난다

풍선

들이를 가늠 못한
철없는 아이처럼

턱없이 내기하듯
헛바람만 모두 분다

종내는
터지고 말 것
조바심만 크고 있다

꿈도 많은 여린 풍선
어른 품에 묶어 놓고

꼬부라진 혀끝마다
세계화가 빗나간다

나침반
고장난 항해
폭풍우가 두렵다

황소개구리

바다 건너 혼을 앗긴
이 땅의 슬픈 토종

내 자린 어딜 가고
낯선 늪이 손짓하네

들끓는
저 분노 안고
일어서는 핏발, 핏발

좀벌레 옷을 갉듯
어느새 쌓인 아픔

한참을 잘못 가다
잠시 멈춘 병든 시대

넋 나간
조국 산하는
한숨 속에 누워 있다

'97 시장 풍경

양풍 젖어 잔뜩 멋든 재래시장 한복판은

매양 같은 간고등어 서너 번씩 전을 편 이
번번이 다른 생선 바꿔하며 전을 편 이
주인집 썩은 갈치 빼내어 전을 편 이
채소 팔다 눈치보며 꼴뚜기로 전을 편 이
불경기에 울상이 된 터줏가게 어물 아제
희한한 볼거리가 어물전에 몰려 있다

식상해
외면한 손님
비린내만 등천한다

구이집

땅거미
꼬리 끝에

불을 다는
구이집엔

어지러운
주객들이

세상을
굽고 있다

더러는
마른 도마 위
날고기도 오른다

가슴 떨기 (1)

발가벗은 태양이
사정없이 뛰어든다

내 야윈 몸뚱아리
속옷까지 헤집고서

차라리
촛불이어라
살이 타면 어떠랴

가슴 떨기 (2)

미친 날씨 끄트머리
잊혀갈 이름 위에

황량한 세태 주변
소스라쳐 깨운 양심

죄 없는
하늘을 향해
떨고 있는 저 손끝

가슴 떨기 (3)

안방에 배를 깔고
흐르는 눈물 본다

이 더운 여름 한낮
식은땀에 젖는 잔등

눈 떠도
깜깜한 둘레
아우성만 가득하다

풍경 (1)
― 4·13 총선 풍경

출근 시간 신호등 앞
디딜방아 희화(戱畵) 한 장

사계절 이런 봄이
미망(未忘) 속에 다시 왔나

회초리
허공을 치는
풀꽃들의 저 만가(輓歌)

풍경 (2)

돌 틈 사이 걸러내며
기를 쓰고 닳은 청계(淸溪)

숨막힐 듯 에워싸는
텅빈 진실 휘몰이에

허기진
아우성들만
잡초처럼 무성하다

풍경 (3)

흔들리는 하룰 딛고
용지봉을 바라보면

무지개 선 눈썹 위에
위장 천사 매달리고

손들어
낯익은 사람
그도 또한 거기 있다

풍경 (4)

두부모를 잘라내듯
시간 자를 장사 있나

미친 사람 널을 뛰듯
힘줄 세워 벽을 쳐도

황사 속
막가는 세상
내 팔 네가 못 흔든다

풍경 (5)

담배 연기 한 모금에
신작로가 일어서고

막걸리 한 사발엔
고이 싸둔 사랑 한 줌

눈 들면
휘황한 불빛
하루살이 인생 난장

풍경 (6)

혀끝 따라 일어나고
손끝 따라 스러지는

여기는 사각(死角)의 땅
뒤틀리는 오장육부

오늘도
외로운 잠수
하염없는 축복이다

세상 구경 (1)

희멀건 웃음 속에
묻어나는 푸른 살기

높은 덤을 향하여
질주하는 검은 추락

탐욕의
눈 먼 물고기
주낙 끝에 퍼덕인다

세상 구경 (2)

들이미는 낯짝마다
신물나던 낡은 빨래

연기 죽인 우리 가슴
불꽃 활활 타오르고

밤낮이
바뀐 젖먹이
밤놀이만 하자 한다

이정표 뽑힌 골목

세상 구경 (3)

입 벌리면 썩는 냄새
외제 향수 덮어내고

눈만 뜨면 보리개떡
비단보에 고이 싼다

아니다
아니다 해도
마침내는 그것인 것을.

세상 구경 (4)

삭은 이엉 골을 따라
이름 모를 버섯 우산

일그러진 창살마다
등잔불빛 다시 어려

아랫목
남은 한 자리
혼령으로 누운 삼경

세상 구경 (5)

오리 건너 드문드문
적요한 날 세던 골에

실개천 물버들은
버들치나 품어 살고

앞뒷산
남루의 조상
눈시울을 붉히고 있다

세상 구경 (6)
— 99. 홍수에

통곡하는 하늘 아래
초죽음이 길게 누워

자맥질 잦은 수 년
멱살잡이 하고 있다

뜻모아
시큰한 콧등
팔뚝 걷는 들풀, 들꽃

세상 구경 (7)

조그만 산등성이
기어올라 굳은 목뼈

피눈물로 얼룩지던
먼 발치를 외면해도

우린 다
낯선 시간 속
앞 못 보는 나그넨데.

세상 맛보기 (1)

막돼가는 이 시대
마구잡이 살자 한다

끈적끈적 내리 사랑
벼랑 끝에 흔들려도

함몰 전
이인 삼각은
묶인 끈이나 풀자 한다

갈까말까 볼까말까
쥘까말까 할까말까

눈꼬리 내려놓고
손바닥을 부벼대다

이정표
뽑힌 길목에
널브러진 잔해, 잔해

세상 맛보기 (2)

앞선 배움 반 세기
큰 나무도 될 법한데

엇간 가지 치는 일은
생색 없어 밀려나고

기차게
훌륭한 낫들
밑둥부터 잘라낸다

흉내 놀이 밀려오면
황홀하여 베고 심고
가꿀 줄을 모르거든
관수나 할 일이지

배움집
고달픈 뜰엔
햇나무만 겨우 산다

세상 맛보기 (3)

햄버거, 커피숍, 레스토랑, 슈즈살롱
거리마다 순백의 얼 짓밟고 선 노란 낯짝
원어민 그 위에 올라
선비 무등 태워 준다

월드뉴스, 모닝쇼, 립싱크, 페스티벌
고깝도록 귀한 말씀 골골마다 광란이다
대작(大爵)들 눈귀가 멀어 슬픈 우리 겨레여

세상 맛내기 (4)

시끄러운 세상만사
인간성을 잃었단다

눈만 뜨면 기계 앞에
똬리 틀고 유난인데

어디서
사람을 만나
체온 함께 나눠볼까

초고속 정보의 길
그 끝에는 굳은 가슴

기를 쓰고 달려봐도
남는 건 한 줌 모래

뿔뿔이
갇혀진 독방
금속성만 요란하다

세상 맛보기 (5)

열어라 열어 봐라
나신이 될 때까지

끝없는 유행 속에
멍이 드는 어린 싹들

언제는
닫고 살았냐
진정 막힌 머저리들

산 같은 바위 같은
의젓함은 어딜 가고

민들레 씨앗처럼
미풍에도 동동 뜨는

이 시대
체중 초 미달
날려버릴 저 무리들

4
만추 오후

하회 마을

낙동 상류 감아 안은
하회 마을 조선 선비

철부지 후손들이
사서 드는 이매 보며

반라(半裸)의
가을 고목은
낯빛 붉혀 돌아선다

묵향이 배어날까
덩그런 대청 위엔

두루마기 흰 수염이
읊조리던 시조 한 수

백열등
높은 대들보
저지레로 우는 고가(古家)

소리 · 96

휘돌아 곳곳에는
벌레 먹어 병든 잎새

청솔은 눈빛 세워
외론 능선 지키지만

산허리
무너지는 소리
숨막히는 오늘도 하루

바람 부는 맨땅 위에
날아오는 저 흙먼지

떨어내도 또 쌓이는
시답잖은 어깨 위에

사랑이
무너지는 소리
내 가슴엔 천둥소리

'97 신춘

푸른 동경 수평선도
발밑에선 허연 이빨

먼 빛에 드리우던
세모시 삼삼한 너

눈 닿아 숨가쁜 거리
소름 돋는 저 변신

바라보면 비단 산하
펼쳐 놓고 뒹굴고픈

그 속을 걸어들면
가시 해충 춤을 춘다

봄일까 들여다봐도
흑심들만 눈을 뜬다

'97 연말 풍경

눈동자 흐리더니 세 치 혀가 타고 있다

건넛마을 빤한 이웃 돈줄 끝 칼날잡고

굽은 등
시린 허리에
가슴 치며 짓는 눈물

탈 (1)

탈 쓴 이가 탈 쓴 이 보고
탈 썼다고 분노한다

가당찮은 손가락질
서로 찔려 피를 본다

어쩌랴
벗지 못할 탈
우리 모두 쓰고 사는

입과 손발 따로 노는
그런 꼴이 사태지고

여우볕에 깔깔대다
숨막히는 일도 많다

탈 쓰고
탈 내는 사람들
그 속에는 나도 있다

탈 (2)

차일 친 목련 가지 대명천지 울던 매미
노을 밖 가는 한 철 날개 속에 사려 넣고
선웃음 숨긴 고뇌를 달빛 싸늘 깔아 놓네

미우면 미운대로 고우면 고운대로
여며 사는 탈을 쓰면 은하만큼 너른 시공
한 타래 섞어 엮을 춤 겉치레도 족하다

찬바람

열기로 부풀더니 찬바람 일고 있다
시원하다 쌀쌀하다 이제는 추워온다
빈 주먹
내리칠 자리
빗물 고여 질척인다

우수수 낙엽이듯 생활들이 지고 있다
목말라 울부짖는 야성의 짐승처럼
때 아닌
억지 털걸이
떼거지로 몰려온다

장단 맞는 사람들

말했다 활자 되면
안 했다 시침떼고

급한 불 끄고 나면
말한 줄 몰랐단다

한겨울 웃던 개나리
기절 끝에 눈물 밴다

헛배 부른 날

밥맛 없던 그 날 하루
주워 삼킨 콩팔칠팔

염치만큼 가슴 열고
손금 위에 점 찍으면

공염불 헛배 부른 날
주름살만 늘고 있다

바람

빈 가지 살을 에며
입도 꽁꽁 얼리더니

개나리 뺨을 훔쳐
하늘 열고 버는 웃음

때 되면 바뀌는 인심
환절기에 부는 바람

홍수

가뭄 끝에 내린 단비
도를 넘어 큰물이네

가난 끝에 얻은 풍요
조상까지 팽개치고

들춰라 속곳 하나까지
유행병이 넘실댄다

흰 옷자락 순박한 멋
피와 땀의 열음들이

하루 아침 요량없는
못난 후손 치기(稚氣) 속에

도도히 찢기는 세태
차마 어이 여밀까.

가위질

우리 옛날 어머니들
땀내 전 가위질은

고의적삼 한 여름을
돗자리로 깔았는데

시방은
남의 마름질
몸뚱이를 깎는다

다시 봄을 기다리며

혹한 딛고 맞은 봄날
실바람 흥에 겨워

화전놀이 신선놀음
해 가는 줄 모르더니

어느새
언 겨울은 또
우리 곁에 다가섰다

거둔 것 없는 계절
이마 위에 손을 얹고

빈 주머니 먼지나 떨며
나목(裸木)마저 부러운 날

혹한은 그 깊이 만큼 우릴 닥달하고 있다

다방 풍경

찌푸린 날씨 같은
지하 다방 구석구석

닳아 헤진 목숨들이
무서리에 주저앉아

바둑알
밀고 당기며
쉰 목청 추기고 있다

담배 연기 파란 한숨
애간장을 다 녹여도

고향 길섶 질경이는
서녘 하늘 놀로 필 뿐

바람아
회오리바람아
까만 이 밤 어이 샐꼬

사막에도

모랫바람 몰아치는 빈 세월 땡볕에도
앙칼진 저 선인장 가시 속엔 체액 있다
쥐어 짠 우리들 가슴 언저리에 도는 혈흔

마른 먼지 푸석푸석 바람 끝에 실려가고
그 옛날 보릿고개 그리움에 맺힌 이슬
한 방울 물빛도 시린 질식일랑 깨어나라

감꽃

감꽃 핀다
도회 창밖

어린 날을
띄워 놓고

지천으로
떨어지다

실직으로
누운 꽃잎

저 혼자
투명한 햇빛
갈색춤을 추자 한다

흔들리는 뿌리

동구 밖 이끼 푸른
수백 년의 은행나무

차오르는 물을 보며
임종이나 기다린다

굉음 밖
흔들리는 뿌리
도막날 세월 본다

골골마다 웃자라서
고개 쳐든 잡목들이

가뭄, 폭우 못견디고
잎새들을 떨궈낸다

속울음
아는 이 없어
된서리를 맞고 있다

소나무

치솟아 깎아내린 바위틈에 외발 딛고
그림자로 흘러가는 추한 일상 굽어보며
인고의
세월 저 끝에 안빈(安貧)으로 깨어있다

비바람도 꺾어 들고 별빛 때론 불러 모아
오욕의 흔적들을 솔잎 새로 걸러내며
세상 밖
무너져가는 군상들을 아파한다

촌로(村老)

억새 마을엔
억새 닮은
바람이 살고 있고

비탈 마을엔
노을 닮은
노인이 살고 있다

옥수수 마른 수염
깃발처럼 날리면서

한평생 닳고 삭아 뼈만 앙상 남은 촌로
반가운 손짓일까 노을지는 서산마루
여한도 이우는 눈 가
땅거미가 기어든다

하산

하늘에나 오를 듯이 기를 쓰고 찾은 정상
바람이 몰고 오는 구름 속을 휘젓다가
하나 둘
빈 가슴 접으며
하산하는 미물, 미물

속리산 문장대 위 땀을 씻고 굽어보면
발 아래 꿈틀꿈틀 오십견통 일어선다
내리막
그도 힘든 길
오금 저린 만추 오후

바람 소리

뒷산골
훑어내리는
이슥한 바람 소리

내 작은
창밖에 와
인기척 하고 있다

긴긴 밤
식은땀 적시며
문고리를 잡고 있다

어느 시골

가뭄탄 우물가에
두레박은 녹슬어도

향나무 깊은 뿌리
힘든 눈을 뜨고 있다

배은(背恩)의
황홀한 고독
밝힐 날을 기다린다

사월에

갈증난 사월 하늘
아직도 팟빛인데

녹슨 가위 골목마다
엿장수 목쉰 소리

봄갈이
힘든 기지개
고비마다 꽃샘이다

눈이 내리면

참으로 어쩌다가
흰 눈이 내릴라치면

금침 속에 놀던 견공
때를 만나 날뛰지만

지하도
그 질펀한 한숨
냉기 속에 지쳐 눕고

너울너울 함박눈이
선심이듯 쌓일라치면

대관령 막힌 눈길
혼을 온통 빼놓지만

달동네
오르막길엔
눈(雪)물 속에 숱한 눈(眼)물

혼자이고 싶은 날

세상이 어려우면 내일 보는 눈도 멀까
중우(衆愚)의 몽둥이가 선무당이 되는 요즘
차라리 산을 등지고 혼자이고 싶은 날

목련꽃잎 뚝뚝 지는 이른봄을 쓸어 안고
마술 같은 하루하루 속눈물로 젖는 육신
부처님 가부좌 아래 혼자 앉아 잊고픈 날

어느 고독

오가는 길 골목 돌면
해피 엄마 스쳐간다

그리운 품 아기 대신
조막만한 개 한 마리

텅 빈 집
햇살만 소복
박넝쿨에 열린 고독

이 가을에

성난 하늘 부릅뜬 눈
빨랫줄에 널린 목숨

쭉정이로 접혀오는
오한(惡寒) 속 붉은 울음

저 갈꽃
은빛 손짓도
이쯤에선 설움이다

당당하던 살기(殺氣)가
무릎 꺾여 주저앉고

상처 깊은 고향벌엔
신기루가 읊는 애가(哀歌)

누구냐
저 깊은 벼랑
뒤통수만 뵈는 너는

가을 햇살

한여름 곧추 서서
붉은 칼날 휘젓더니

풀벌레 높은 울음
풀이 죽어 업더딘다

빈 대청
허기진 자리
찾아드는 야윈 햇살

추위 타는 날

겨울 하늘 휘파람이
귓전을 스쳐간다

타는 목 소주 몇 잔
지친 몸을 어울지만

흩어진
뼈 부스러기
녹여 붙일 정이 없다

맨몸의 가로수는
바라만 봐도 떨려오고

먼 산 위 빛나는 눈
그리움만 쌓여온다

눈발에
뚫린 가슴팍
고드름만 자란다